简单十步变有趣

HOW TO BE
IN TERESTING

（美）杰西卡·哈吉 著

可可 译

台海出版社

北京市版权局著作合同登记号：图字 01-2019-7187

图书在版编目（CIP）数据

简单十步变有趣 /（美）杰西卡·哈吉著；可可译 . -- 北京：台海出版社，2022.3
书名原文：HOW TO BE INTERESTING: In 10 Simple Steps
ISBN 978-7-5168-2707-9

Ⅰ.①简… Ⅱ.①杰…②可… Ⅲ.①生活方式—通俗读物 Ⅳ.① C913.3-49

中国版本图书馆 CIP 数据核字（2021）第 252082 号

简单十步变有趣

著　　者：[美]杰西卡·哈吉　　　译　者：可可

出 版 人：蔡　旭
责任编辑：俞滟荣

出版发行：台海出版社
地　　址：北京市东城区景山东街 20 号　邮政编码：100009
电　　话：010-64041652（发行，邮购）
传　　真：010-84045799（总编室）
网　　址：www.taimeng.org.cn/thcbs/default.htm
E － mail：thcbs@126.com

经　　销：全国各地新华书店
印　　刷：三河市金轩印务有限公司
本书如有破损、缺页、装订错误，请与本社联系调换

开　　本：710 毫米 × 1000 毫米　　1/32
字　　数：130 千字　　　　　　　　印　张：8.5
版　　次：2022 年 3 月第 1 版　　　印　次：2022 年 3 月第 1 次印刷
书　　号：ISBN 978-7-5168-2707-9

定　　价：49.80 元

献给泰瑞尔

（我认识的最有趣的人）

目　录

为什么要做个有趣的人？

★ 为了减少遗憾。

★ 从而赢得自尊。

✬ 为了赶走无聊。

✬ 从而拥有自己的标志，
不留下遗憾。

✬ 而最重要的，是因为你
可以。

那就开始吧 ➜

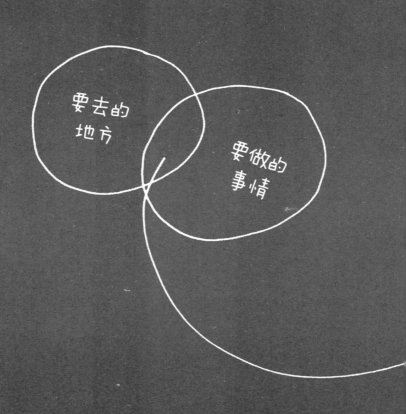

要去的
地方

要做的
事情

第一步

去探索

→ 无限可能

发散思维、周游各地、分享观点。
无趣的人才总宅在小房间里。

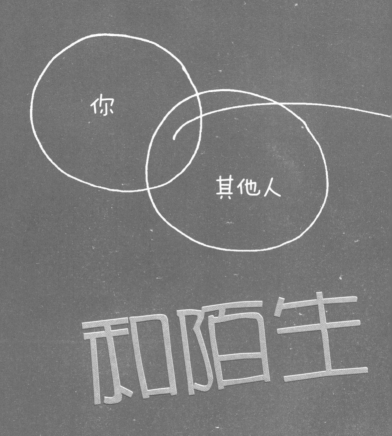

你

其他人

和陌生

人性

人文谈。

没有人能确切见识过你的所有。
没有人能完全经历过你的足迹。
没有人能恰好感受到你的感受。

去发现个中缘由吧。

掷骰子。

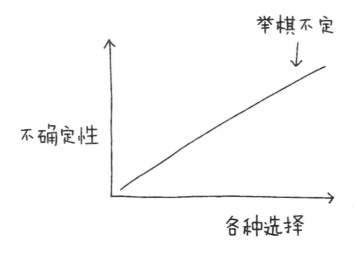

举棋不定

↓

不确定性

各种选择

要走多远？掷骰子看看。七个街区吧。

坐不坐火车？掷到偶数就买票吧。

两个骰子就可以带你去任何地方，还可以替你在细枝末节的决定上节省大量时间。

放两个骰子在口袋里，一切会因此变得有趣。

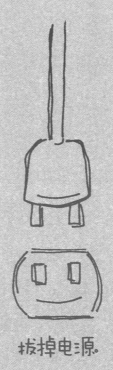

拔掉电源。

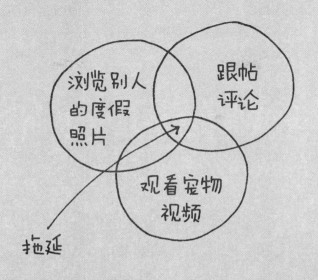

没有地图，你可以发现未知地带。

让别人找不到你。在旅途中与人聊天。

不去看别人的新鲜事，去发现自我。

电子产品正把你束缚在一个你熟知的世界中。

把它们统统关掉，去探索新的地方吧。

你的舒适区

去感受,

奇迹发生
的地方

去接触。

感受尴尬。

感受嘲笑。感受冒险。

接触奇怪的事情 & 情境。

接触狂野的想法。

接触让你哆嗦的事情。

接触奇怪的景色。全新的声音。

相信我。

会很有意思的。

真实度

与别人的期许对着干。

为有罪者辩护。

质疑纯洁。

看看哪些事实是观点，哪些观点是事实。

每个故事都有许多面，每一面都要有人讲。

反调。

☆

————————————————————→

相信人数

☆ 神话、广告、政治许诺、都市传说

每天
都
给自己
放会儿假。

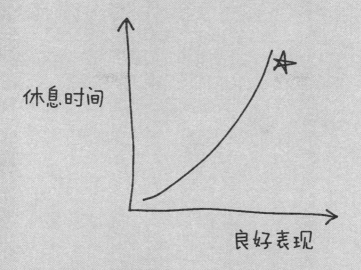

休息时间

良好表现

★ 假期

只要几分钟就够了。

迎着清晨的一缕阳光漫步街头。

步行去一个不同的邮箱。

在洗衣店里读读杂志。

在黑暗中冲个澡。

在小巷子里喝点热可可。

利用你的闲暇时光，做点有意思的事。

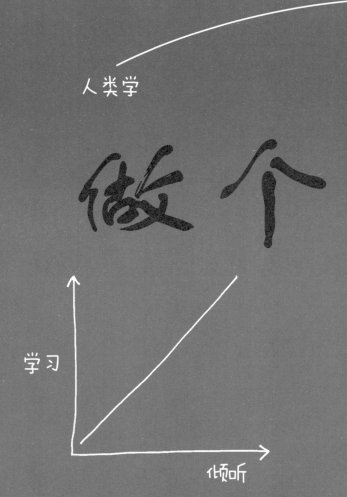

人类学

做个

学习

倾听

闯入的聚会

围观的人们

间谍。

注意观察。
注意倾听。
你会更加地了解他人。
每天都可以是
一次有趣的侦察任务。

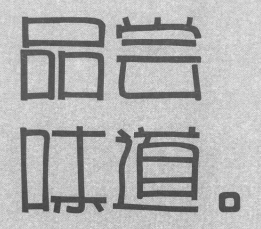

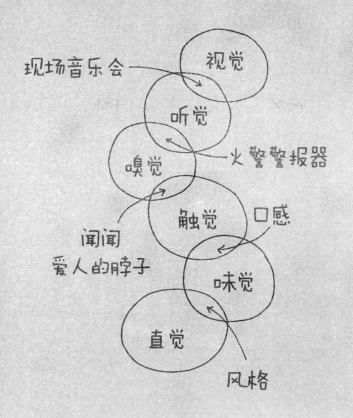

现场音乐会 —— 视觉

听觉

火警警报器

嗅觉

触觉　口感

闻闻
爱人的脖子

味觉

直觉

风格

张开嘴，什么都别说，只是观察。

清晨的露珠尝起来如何？

你上班的路上有什么味道？

别人的洗衣液有没有让你回忆起童年？

为什么机场闻起来都是一个味儿呢？

做过的事

调整时

趁闹钟还没响就起床。

等红绿灯的时候忙里偷闲写写诗。

别盯着银幕看了，偷偷溜到月光下吧。

・满意

・后悔

时间

间表。

晚上做事，白天玩耍。
为那些一直推迟的梦想腾出几个小时。

总有时间可以用来探索。
你得决定那是什么时候。

练习
关注。

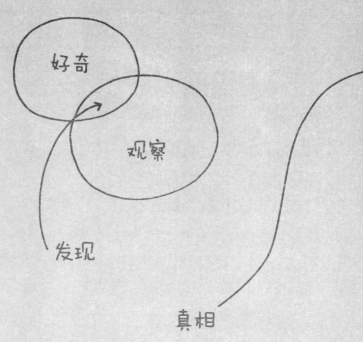

好奇

观察

发现

真相

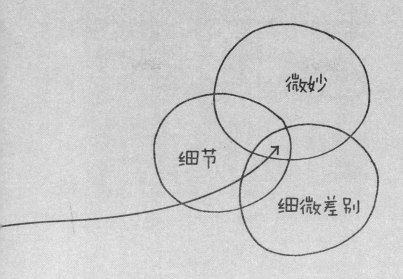

褪色的痕迹、眼罩、坏了的锁、被撕成两半的照片。

漏气的轮胎、小小的伤疤、满溢的杯子。

爱人名字被提及时她的一个停顿。

每个细节都是一个故事，每个房间都藏着无数个细节。去找找看。

去发现有趣的故事。

要天真，
别幼稚。

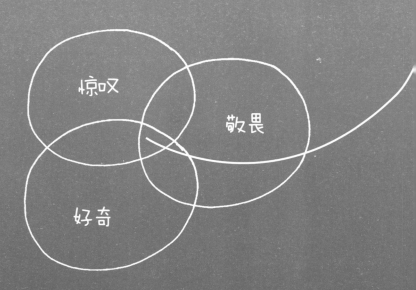

惊叹

敬畏

好奇

在课堂、卧室和
电视真人秀中
遭受侵蚀

睁大双眼看看。

　记得在你学会愤世嫉俗之前

这个世界有多么精彩。

　　看看那些整洁的东西,

　　　凌乱的东西,

　　　　有趣的东西。

少些偏执。

　多些赞叹。

不断问为什么。

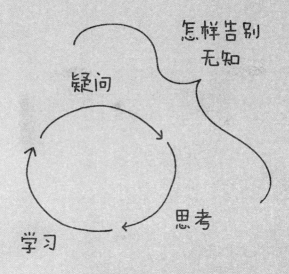

怎样告别
无知

疑问

思考

学习

家长讨厌孩子问为什么。

　　为什么呢？　因为……

　　为什么呢？　因为……

　　为什么呢？　因为……

诸如此类。

但不妨多问问。

你会惊奇地发现一个简单的**为什么**

能迅速地变成一个妙趣横生的**因为**。

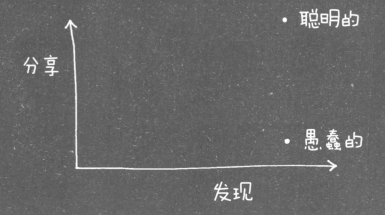

第二步

分享你的
发现

分享的时候，大方一点。

不是每个人都跟你一块去探索过。

让他们借此经历你的经历。

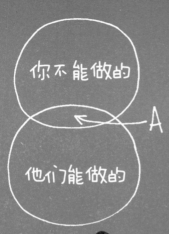

你不能做的

他们能做的 A

交叉

你能做的

B

他们不能做的

A+B = 结合各种力量！

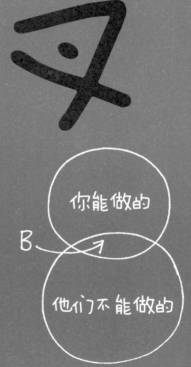

授粉。

你有你的特点，

你的风格

你的专长.

别人也有。

不要只和志趣相投的人交往.

找到那些怀揣别样激情的人.

你的经历便能够成倍增加.

主动
行动。

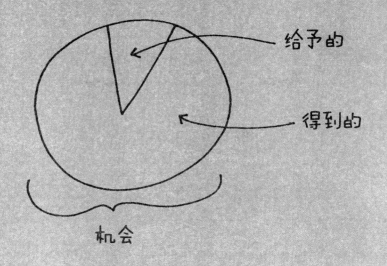

给予的

得到的

机会

别等到明天。

现在就说，现在就做，现在就成功。

去那些需要去的地方。

别等着被邀请。自己开派对。

别坐在电话旁。拿起电话，主动一些。

按下按钮，自己买票，欣赏演出。

乐于

助人。

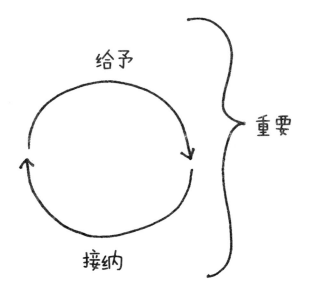

你所拥有的价值不菲。寻找那些需要它们的人。

明白自己能做什么，并告诉人们你愿意这么做。

他们会珍惜你，记住你。

你的时间、你的才华、你的赞美。

一个座位、一勺砂糖、一双干净的袜子。

不论你拥有什么，世界都需要。

你知道的

别人知道的

说出显而

→ 比你以为的要少

易见的事实。

你所知的，对别人而言常常是个谜。

你的老生常谈可能是别人的新鲜事物。

对你而言小菜一碟的任务，在别人看来

可能难于上青天。

你的心里装满了他人未曾见过的珍宝。

把它们传递出去吧。

一个想法被分享后，并不会被削弱，而是

会变得更加丰满。

别害羞。

你的声音

别扭头不见，要挥手致意。

把你的观点放在人们可以触及的地方。

把你的工作摆在橱窗前，别放在地窖里。

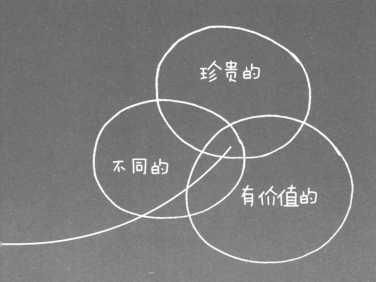

交谈始于向彼此迈进的每一小步。

别只是回应
多多邀请。

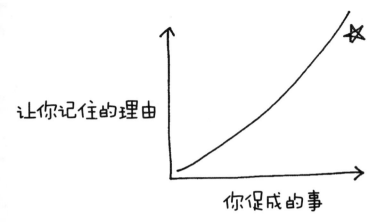

让你记住的理由

你促成的事

☆ 戏剧、喜剧、悲剧和派对

把别人带入你的世界中。让他们在你待的地方玩耍。
自己能组织的时候，就别等着邀请函。
只要有一个可以邀请的人，你就可以发起点什么。

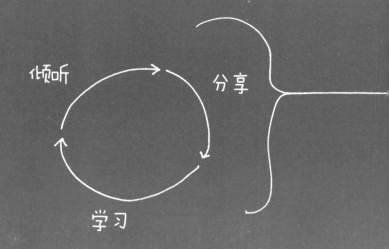

倾听

分享

学习

做连接点，

新闻是
如何
造就的

别做终点。

别只是说。别只是听。

做做介绍。引见一下陌生人。

传递你所知道的信息。

想法就这样像滚雪球一般滚成了事件。

你可以成为整个社会依赖的支点。

大方

称赞。

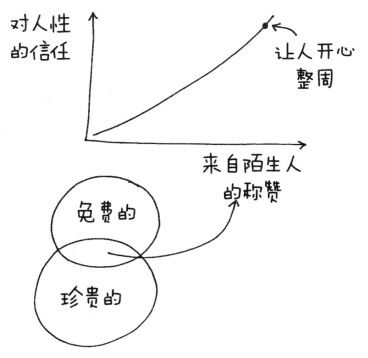

好听的话既珍贵又免费，很意外它们竟然如此
罕见。

大声说出你喜欢的东西，称赞那些在创新方面
拔尖的人。

在公共场合这么做，而且还要经常做。

每个人都需要更多的鼓励。

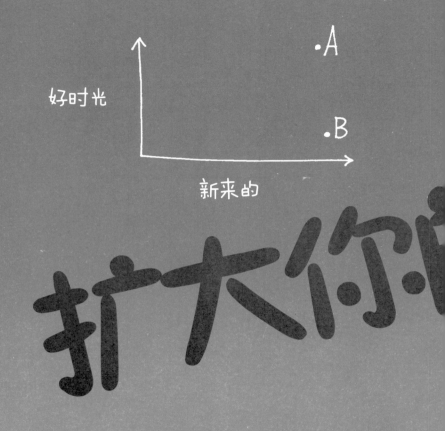

好时光

新来的

．A

．B

扩大你的

A = 好团体

B = 太平间

别把"欢迎光临"的地毯收起来。

敞开大门。

为意料之外的客人腾出位置

——你永远不知道谁会出现。

他们可能很不错。

他们可能还行。

但愿他们很有趣。

伸出援手。

介绍自己

只需一通电话、一封信、一条短信、一封邮件、一句"嗨！"
你就能靠近每个人。没错，每个人。

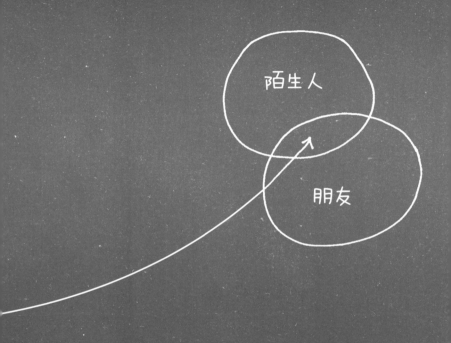

那些激励你、打动你，让你钦佩的人，你爱的

人或想爱的人——他们是如此的触手可及。

这真是既惊人又宽慰，对吧？

闲聊

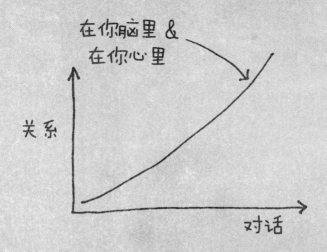

人们都在聊些什么呢？

爱情？失去？天气？神奇的事？平凡的事？

他们都给私密部位起了什么昵称？

聊天这个简单的动作就能让人们靠得更近，

让你接触到有趣的话题。

所以，有机会就开始搭讪吧。

发表自己

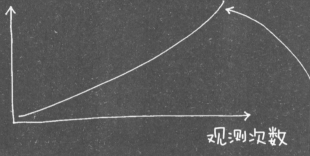

观点的独特性

观测次数

批判思维的证据

你看见，你评价。

你阅读，你思考。

这就是人的本性：我们在吸收信息的

时候也在解读信息。

的意见。

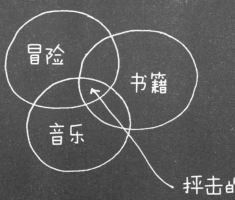

冒险

书籍

音乐

抨击的素材

构思精妙的想法能为原作增色不少。

吃

睡

看电视

你为什么难过

做点什么，什么都行

跳舞、交谈、经营、上网、游戏、
帮助、创造。
无论你做什么，只要你在做。
做什么不重要，重要的是你在做。

走出

生产成本 ↑ • 大片

真实的生活永远是 3D 的。永远是高清的。
精彩的人和精彩的事都在门外。

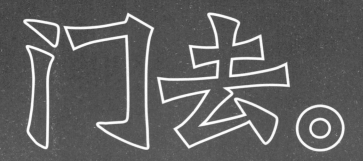

门去。

• 日落

敬畏感

在那里，

你将找到你所寻找的一切。

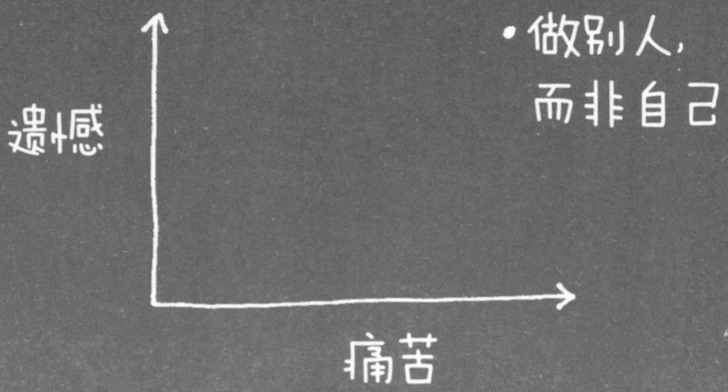

遗憾

痛苦

• 做别人，
而非自己

做 你* 想

私人的

政治的

经济的

你怎样度日 ——

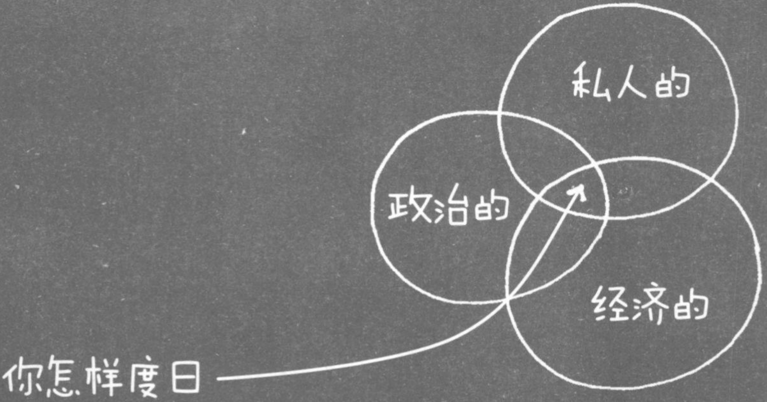

做 的 。

* 没错，你。

如果不够诱人的话，就不要品尝，不要约会，也别报名参加什么。

如果光想想就觉得沮丧，就不要把它当作主业，不要耐着性子去做它，更别把一生都致力于此。

你会感谢自己的。

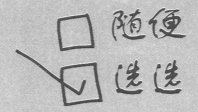

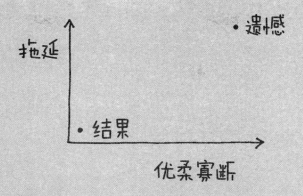

不确定要如何度日？不确定要怎么过这一生，

怎么发展你的事业？

说真的，无所谓。

即使是最周密的计划也可能崩溃。

在选择之间举棋不定只会让生命悄然流逝。

扔个硬币，转个瓶子，相信你的直觉。

然后，出发吧。

让别人

支持
你的人

↑ •成功

他们会比你想的更拥护你、支持你，
也不会像你想的那样嘲笑你。

加入进来。

· 沉寂

———————————————→

对失败的恐惧

你会需要帮助，你会需要意见，

你会需要伙伴，所以你得告诉别人你感

觉如何，你在忙些什么。

让大家都来参与你在做的事。

报名。

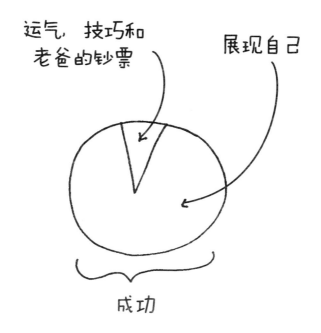

运气，技巧和
老爸的钞票

展现自己

成功

加入一个俱乐部，选一门课听听，当当志愿者，
开个派对，参加个会议。

我们的所作所为造就了我们。

做一个有所经历，有所成就，每天都愿意尝试新
鲜事物的人。

真正
过得
快乐。

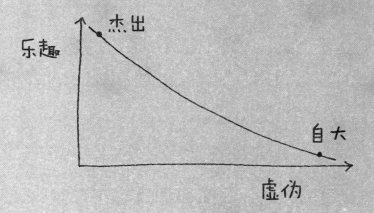

讽刺会妨碍你去感受。

扔掉虚伪，你才有机会获胜。

跟着俗气的流行音乐唱吧。

享受那些过时的东西。

做做鬼脸，别再忍住你的傻笑。

允许自己过得快乐。

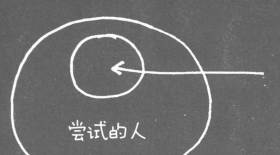

做大事的人

尝试的人

给自己

从未被邀请参加聚会的人

打气。

你应该得到一次机会。

你应该玩得开心。

你应该过得幸福。

你有能力，有好奇心，还有其他特质。

所以去吧，投身其中吧。

那里不仅有你的位置，也很需要你。

真的。

扔掉垃圾。

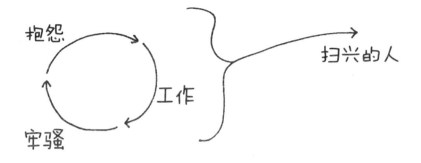

不是每个活动都值得参加。

不是每个糟糕的任务都必须完成。

避免那些会让你沮丧疲惫的事情。

如果有些事（洗衣、交税）不得不做，那就

满怀热情地做，做完就别想了。

这样你才能把更多的空间留给重要的事，

留给有趣的事。

修修补补，
长长见识。

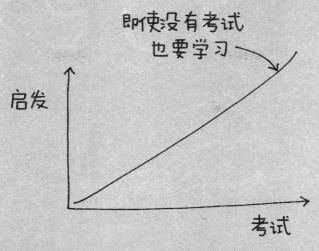

即使没有考试也要学习

启发

考试

从好奇开始。

这个是怎么运作的?

那个是怎么发生的?

然后再去搞清楚。

把东西拆开，再装回去。

按下按钮。改变环境。

看看碎片都是怎么拼到一起的。

看看发动机是靠什么动起来的。

看看这一切是多么有意思。

为自己找

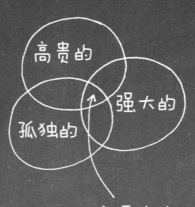

高贵的

强大的

孤独的

蝙蝠侠或
机动车辆管理局
的那位女士

寻找能让你微笑的人，
像你希望的那般生活的人，
你钦佩的人，
真实和不完美的人。

一个英雄。

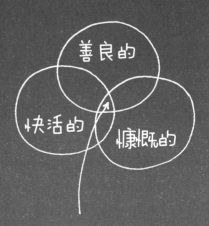

善良的

快活的

慷慨的

圣诞老人或
你最喜欢的阿姨

向他们学习两件事：

1. 他们做得好的

2. 他们做得不那么好的

捍卫你
热爱的。

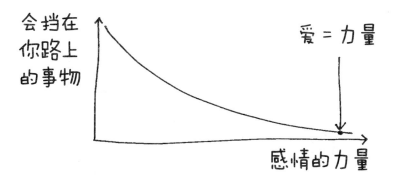

你珍惜过一些人、一些地方、一些事。
他们既珍贵，又强大。要为他们而战。
别让他们只是栖息在你的心灵深处。

爱一旦被忽略，就会枯萎并死去。

拥有自己的领地。

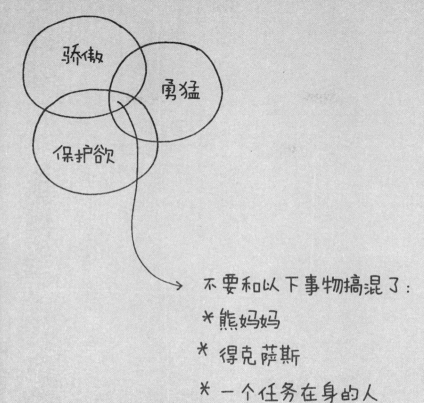

不要和以下事物搞混了：

* 熊妈妈
* 得克萨斯
* 一个任务在身的人

不论你在做什么，都要享受它、接受它。

尽可能把它掌握到最好。拥有它。

自由感与安全感就是如此结合起来的。

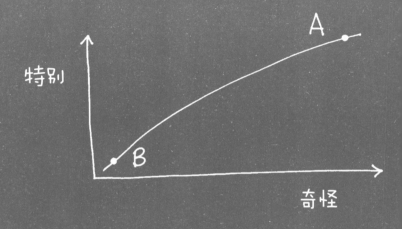

A= 众人皆知

B= 行为规矩

第四步

欣然接受
你的特别

没人是平凡的。

每个人都有独特的怪癖和见解。

别把这些东西藏起来

——它们才能让你变得有趣。

抛开制服。

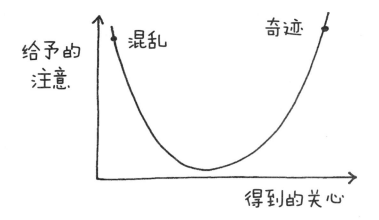

脱下制服，随便穿穿，提个小桶去海边。

戴上一顶只有自己喜欢的帽子。

穿上让你觉得像自己的衣服。

有时候，穿对了鞋，会让你感觉更棒。

一致 → 隐身

单调

在公共场合
做你自己。

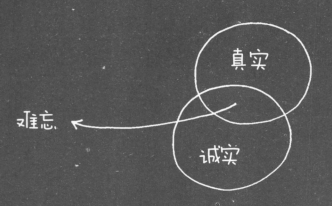

真实

难忘 ← 诚实

离开家门时要有自己的样子。

工作时要做自己。

骄傲地穿上你的个性。

别怀疑你的能力，

别隐藏你的特性。

有所不同就是自我认同。

展现这种不同，

就是做真正的自己。

别 假

呼吸困难　　　　● 哮喘

感到自由
●

服装、造型、虚假的笑容和被迫的盲从。
这些都会阻止你发现真正有趣的东西。

装

• 感到束缚

• 危险的人

→

面具的厚度

你的独特与生俱来，没有必要藏在不合适
的面具后面。

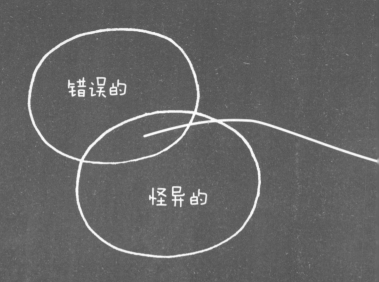

错误的

怪异的

别为你的特别

道歉。

隐藏你的
特别

独特并不是你的错。

不同并不是你的错。

你并不需要为自己有趣而感到抱歉。

笑对

讥讽。

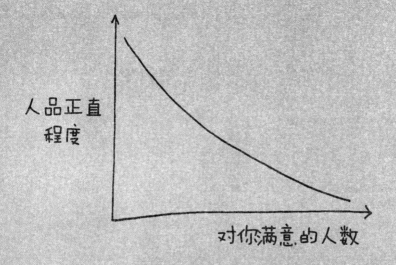

人品正直
　程度

对你满意的人数

不是每个人都会理解你。

不是每个人都会欣赏你。

不是每个人都会接受你。

别为他们改变。一笑置之，然后前行。

骄傲地站着

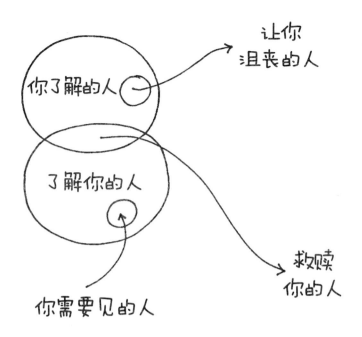

你的特别是一件珍品、一枚荣誉勋章、一种自豪感。

它让你与众不同，并帮你找到那些在你面前毫不遮掩的人——在他们面前你也将不再伪装。

质疑
你的
动机。

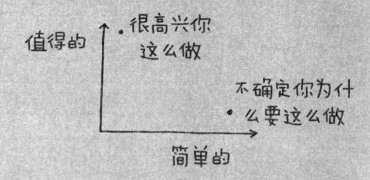

有趣的人会被那些比现实更重要的事所激励。
你正在做的事是别人期望你做的，还是你内心
深处觉得自己必须要做的？

超越期待的唯一办法便是忽略期待——去做需
要做的事。

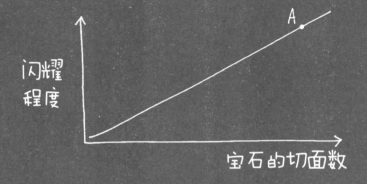

闪耀
程度

宝石的切面数

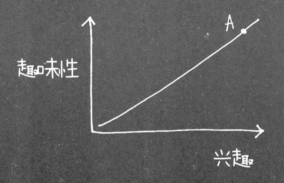

趣味性

兴趣

A = 聪明的

走走岔路。

以下两者谁更有意思：一个著名的科学家，
还是一个在世界尽头的灯塔里拉拉大提琴、
削削木偶，偶尔还借着路过船只的灯光写写
诗的著名科学家？

正是如此。跟随你那些奇怪的冲动，去做各
种各样的事情。
走走岔路可以带你找到真正的归属之地。

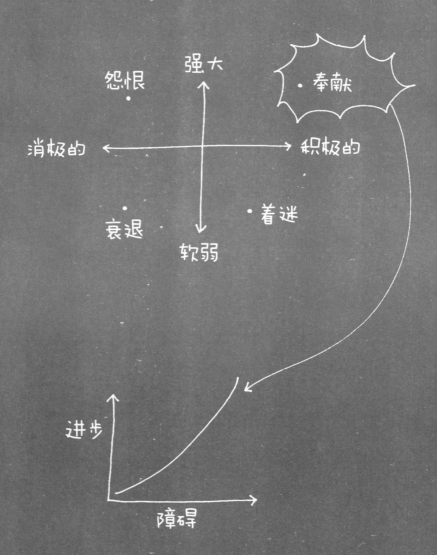

不断 前行。

每一天，都向让你快乐的事再靠近一点，
向冒险再迈进一步。
再释放一点你的古灵精怪。

不知不觉中，你就会身处一个不同的世界
———一个更有趣的世界。

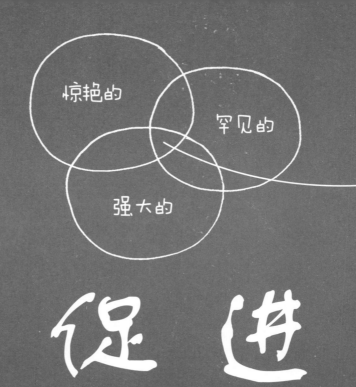

惊艳的

罕见的

强大的

促进

鼓励别人的独一无二。

支持非同寻常的东西。

把钱花在不可思议的地方。

花时间做点不一样的，做点与众不同的事，

或是令人惊呆了的事。

明显的天赋
或
被闪电击中

差 异。

世人喜欢顺从者，奇妙的怪人们需要能得到的所有帮助。

好好利用
你的古怪。

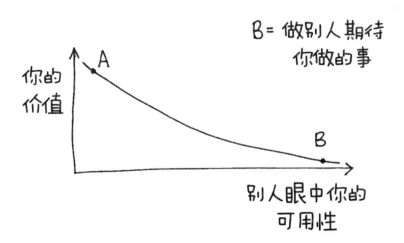

A = 做你自己的事

B = 做别人期待
你做的事

你的
价值

别人眼中你的
可用性

让你变得有趣的特质才能凸显你的宝贵：
只有你能表达你所知道的，
做你所做的，了解你所了解的。
你并不需要赢得所有人的认可，
拥有展现自我的舞台就够了。

找到你的

要逃离的事物　↑・恐惧

别逃跑去加入你死我活的争夺。
要跑就跑去马戏团吧，那里满是梦想成
真的人。

马戏团

· 现实

· 希望

→

要奔向的事物

找到你的马戏团，奔向让自己愉快的
事物，而不是把自己累得精疲力竭。

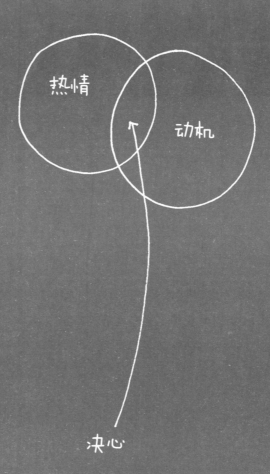

热情

动机

决心

第五步

寻找动机

如果你把什么都不当回事儿，

也没人会把你当回事儿。

回忆那些让你哭泣的。

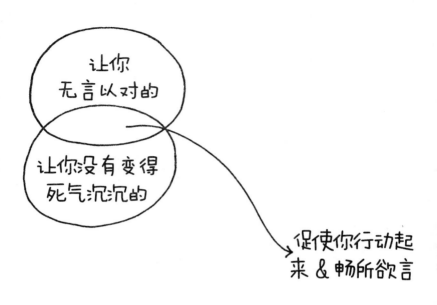

让你
无言以对的

让你没有变得
死气沉沉的

促使你行动起
来 & 畅所欲言

一个地方，一个人。

一只动物，一首歌。

现在，让自己深一点陷入那段

回忆中吧。

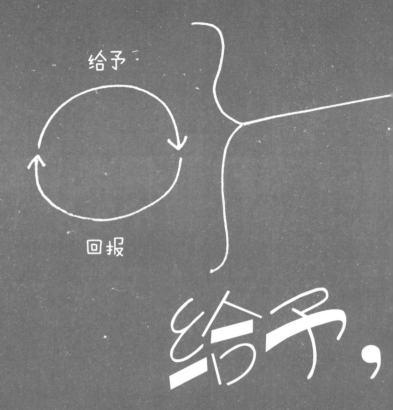

给予

回报

给予，

慈善捐款的税收优惠
&
实用人际关系

也求回报。

被回吻的感觉很好。

送礼物的感觉真棒。

替别人当幸福催化剂的感觉妙不可言。

做个慷慨的人真是令人满足。

把钱
花在值得
的地方。

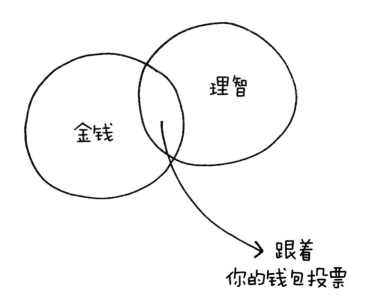

金钱　理智

跟着
你的钱包投票

谁赚到了你的钱？你把它们花在了哪里？

都涉及了哪些人和公司？

你同意他们的政治观点、做法和行为吗？

这些你都能接受吗？

如果不能，要知道你随时都能

换个方式支配你的钱。

别怕

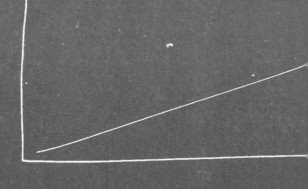

美感

旁观者无法造就新闻。

观察者无法推动历史。

要脆弱。

脏。

诗歌、爱情
& 奉献

·公厕

深度

要严肃，要专注。
如果你想要功成名就，就得爬进
面前的那堆混乱之中。

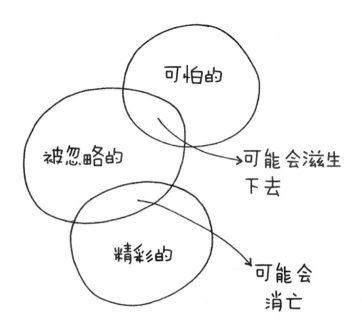

赞美奇妙的。

批评肮脏的。

清楚地说出别人不敢大声说出的。

让这种表达再进一步。

像样的

过得去的

典型的

做到

没人会为此
歌颂的。

最好。

问问自己：这是最好的吗？

再接着问：那么，什么才是呢？

然后花时间来为之努力。

为了
伟大，
赌上平庸。

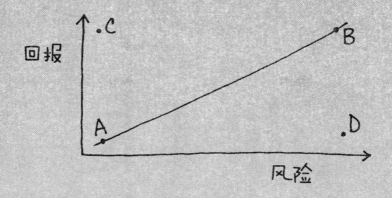

A= 无所事事

B= 名人传记中的故事

C= 庞氏骗局推销

D= 危险

要感觉更好，而不是还好。

要做到更好，而不是还行。

奇迹不多见，不过是因为少有人去追求。

要想成就非凡，唯一的办法便是赌上你的

平庸。

你才是主角。

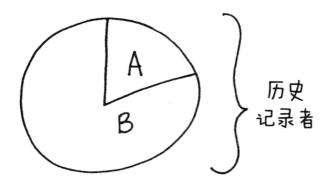

A = 自封的赢家

B = A 雇的写手

你是自己生命历程的主演和作者。

你完美吗？没人是完美的。

你的故事引人入胜吗？

我们都可以，只要我们的心推动着情节前进。

做一个经得起岁月磨砺的角色。

随便什么
也好过
一无所有。

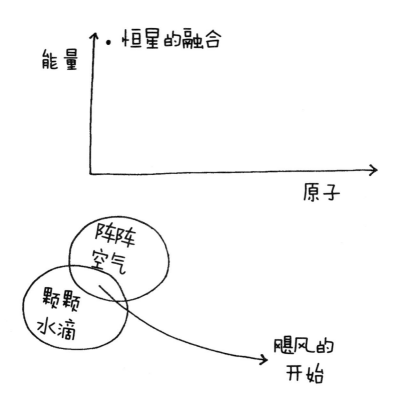

能量

• 恒星的融合

原子

阵阵
空气

颗颗
水滴

飓风的
开始

行动很重要，哪怕微不足道。

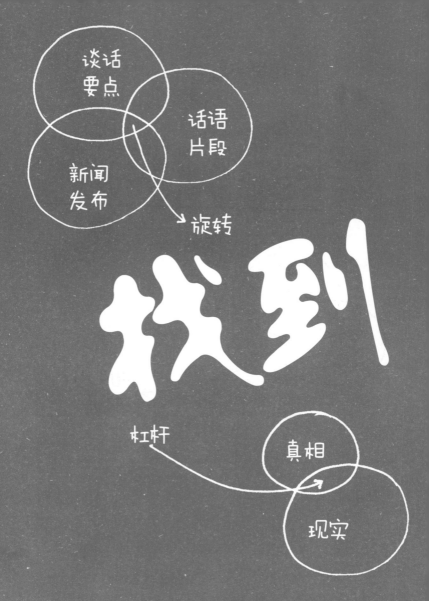

谈话
要点

话语
片段

新闻
发布

旋转

找到

杠杆

真相

现实

在平淡无奇之下，在表象背后，在借口和假象之下，你会找到问题的关键点。

从那个点开始努力。

找对了杠杆，很多工作便得以完成。

排好

忽视
次要
事件的能力

A

A = 有意义的每件事

B = 让你紧张的每件事

顺序。

B

优先顺序

把重要的事排在前面，
其他事会自动安排好的。

摆桌子 & 树榜样

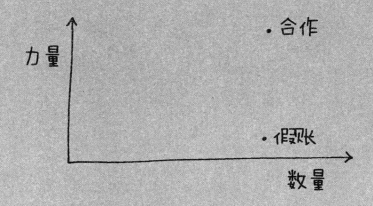

聚集尽可能多的人来帮助你。

分享你的能量。

分享你的观点。

分享你的事业。

确保你的蛋糕够多。

人人都爱吃蛋糕。

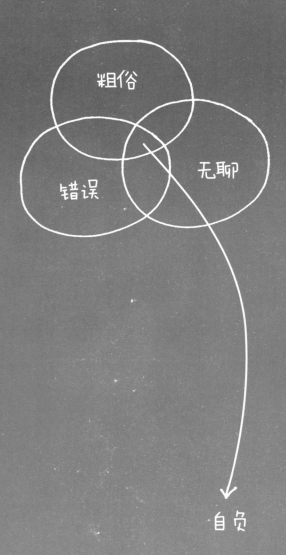

第六步

别那么自负

自负会阻碍观念的诞生。
如果你的傲慢远胜于你的能力，
你就是人们避而远之的人。

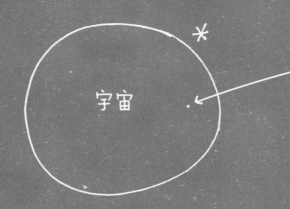

宇宙

想象你
不知道的

你知道的一切，都不过是浩瀚宇宙
的信息漩涡中的一小部分而已。

人类的
所有知识

*不按比例——否则我得需要
太阳系那么大个圆圈才能接
近精确比例

每件事。

不是我们太无知，而是宇宙太辽
阔，我们唯有聊以自慰了。

只需

倾听说了的和没说的。

倾听字里行间的信息。

倾听语音语调。

倾听讽刺和敬畏。

倾听。

. 听

理解 →

交流不仅仅止于话语。

扔掉

头衔。

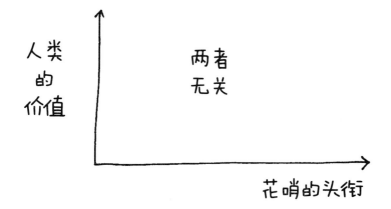

国王和王后。

医生和律师。

教皇和市长，还有鱼贩。

妓女和图书管理员。

……

重要的不是头衔，

而是头衔背后的那个人。

不是人人
都想
要你
所拥有的。

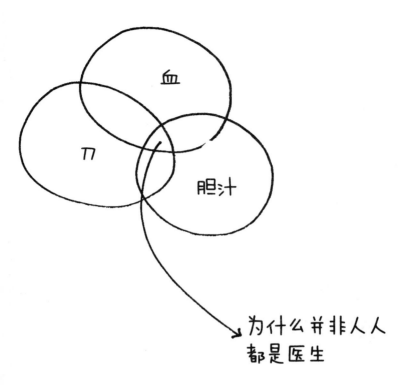

血

刀

胆汁

为什么并非人人都是医生

你最大的成就，不论你觉得有多么了不起，
都可能是别人最糟的噩梦。
你最骄傲的拥有，
也可能是别人厌恶的一块垃圾。
炫耀的时候，谨慎一点。

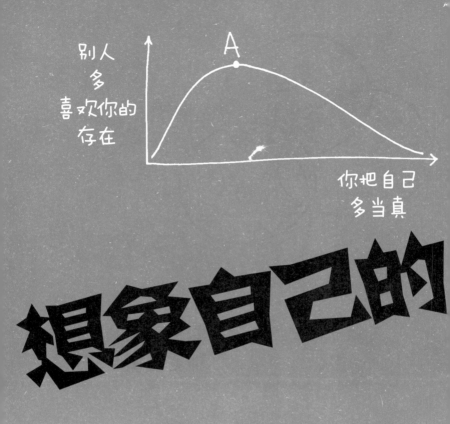

别人多喜欢你的存在

A

你把自己多当真

想象自己的

不是小丑 & 不惹人嫌

漫画像。

想象你的鼻子，你走路的样子，
你的头发，你的牙齿，
你的房子，你的学校，
你的名字。
如果你想想这些，其实很有意
思。
但别把自己太当回事了。

多问

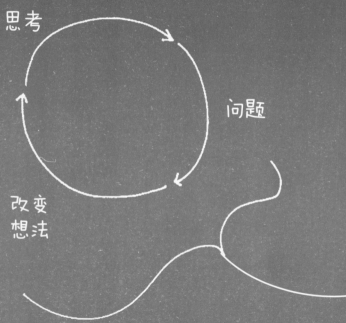

思考

问题

改变想法

问题。

如何：
A= 变得更聪明
B= 被踢出异教

有趣的人除了对自己感兴趣，对事物也感兴趣。

他们广泛涉猎，求知若渴。

因此他们说话时，往往都带着真诚的疑问。

力量

继续做个

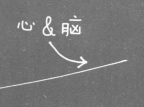

心 & 脑

练习

学生。

报名学点什么。

哲学、剑术、会计、绘画、开车、吞火——

任何你能承认你不懂的事。

你永远不知道什么时候会需要一个信手拈来

的技能。

学习
为他人
感到自豪。

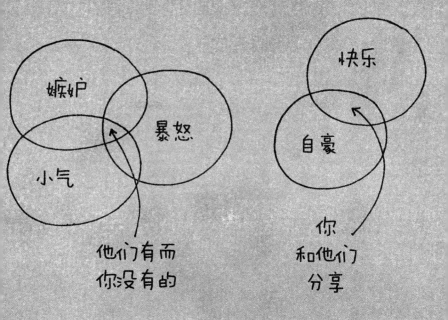

他们有而
你没有的

你
和他们
分享

除了自己，你有没有为其他人感到过
无比自豪？
如果有，你明白那种感觉是多么的快
活和振奋。

如果没有，你需要足够靠近他人，然
后努力。

思量你的运气。

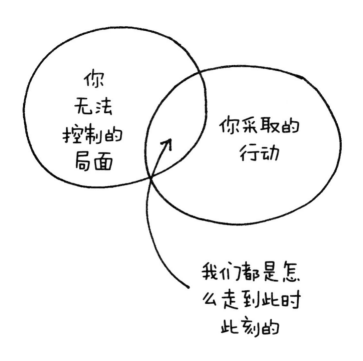

你值得拥有你所拥有的吗？也许一点点。
那你值得拥有你没有的吗？或许不值得。

要承认巧合、机会、系统过程，对，甚至还
有运气，在我们的世界中所起的作用。

承认错误。

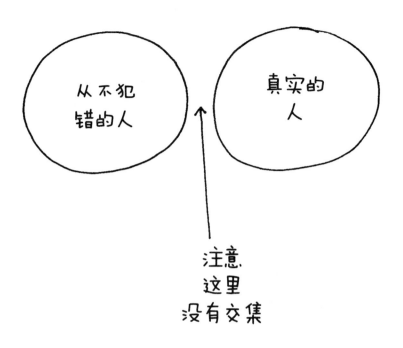

错误会发生，常常发生。

有时是你的错，有时只是你运气不好。

两种情况都要坦率承认。

做个

达到的
新高度

对你遇到的每个人而言，要做个帮手、顾
问、英雄身边不可或缺的助手。

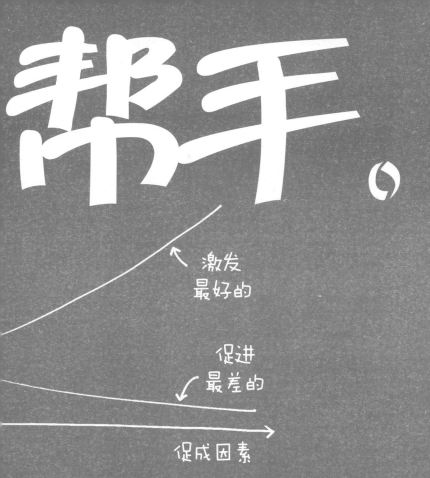

帮手

激发
最好的

促进
最差的

促成因素

名声和价值并非你想象的那样密切相关。

在努力
打动
别人之前，
要先被
打动。

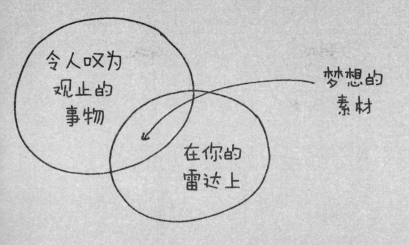

令人叹为
观止的
事物

梦想的
素材

在你的
雷达上

雄伟、荣耀、美丽、
平衡、智慧。
你越是常常惊叹，越有可能变得令人称奇。
真的，如果你从不仰望，如何知道想要飞得
多高？

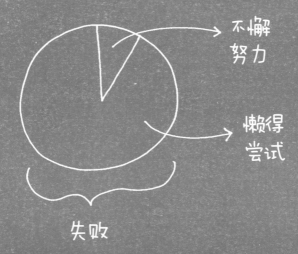

不懈
努力

懒得
尝试

失败

第七步

试一下

试一下。试试新主意。做点奇怪的事。

如果你永远不离开舒适区，

是不会成长的。

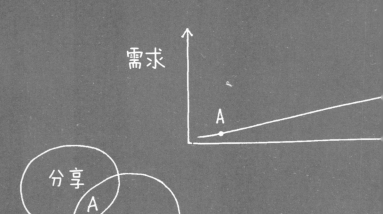

知足。

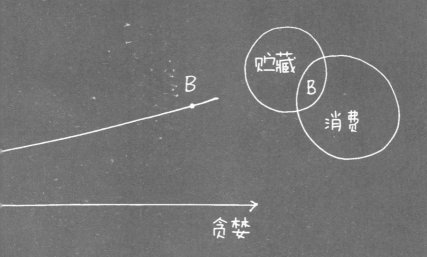

认为自己拥有得足够，心就会越来越知足。

认为自己拥有得始终不够，心就会越来越贪婪。

最糟的
情况

周密的
计划

为何

别让这种焦虑
阻止了你

不呢？

害怕失败？

害怕失败了别人会发现？

如果你失败了又怎样？

真的，失败了会怎样？

真的会那么糟么？

承认你想要。

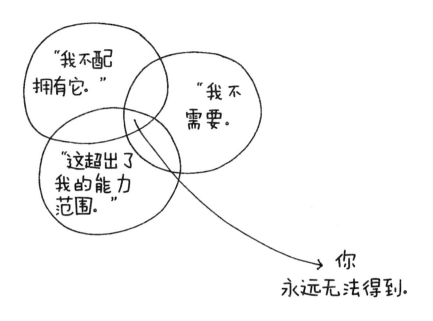

否认梦想，就是将其扼杀在摇篮中。

别为尝试而感到愧疚。
别为渴望而感到糟糕。

如果你从未给自己尝试的机会，那才应该愧疚呢。

给自己一个惊喜。

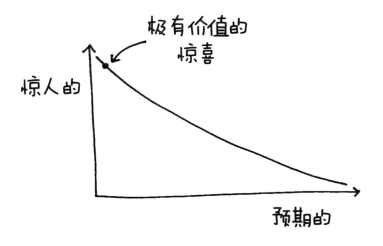

他人对你的期待是什么？

尝试点别的东西。

下一步是什么？

尝试着迈出不同的步子。

毕竟，没人强迫你循规蹈矩。

收藏

你谈论的 ↑ · 粗鄙的事

· 不幸的事

随便读读，有意听听。

看看电影；看看云，看看人。

轶事。

- 有趣的事

- 害羞的事

你知道的

你知道的越多，能分享给别人的也就越多。

越出你的界限。

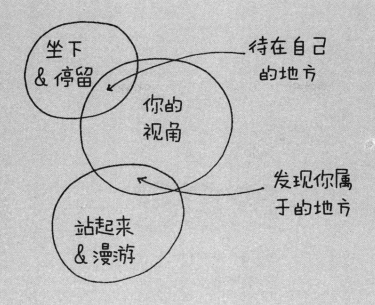

你从未去过某个地方，并不意味着你不属于那里。

这不是你的职责范围，并不意味着你不能做。

只有你自己才能真正决定你属于什么团体。

给自己
许可。

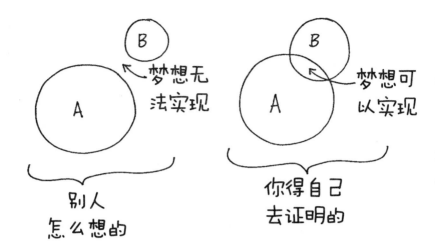

A= 可能的事
B= 你的狂野梦想

需要允许吗?

给自己许可吧,因为大多数时候,别人
是不会给你的。

乐趣 {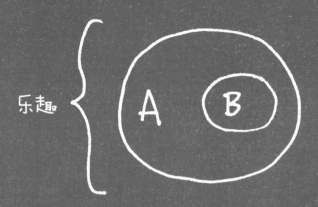

A= 手头的任务
B= 你的心

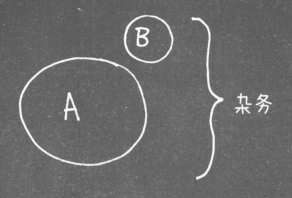

承担工作。

对别人说："是的，我会支持你的。"

出席，为任何事做好准备。

全身心投入。

人们就是这样开始爱上你的，你也是这

样开始爱上工作的。

做好真正

行动 ↑ • 鲁莽

或许明天吧?

我想晚点再开始?

不行，设定计划是为了实施它，而不是把它
当个摆设。

的计划。

- 明智选择

- 犹豫

计划

拖延会让你后悔的。

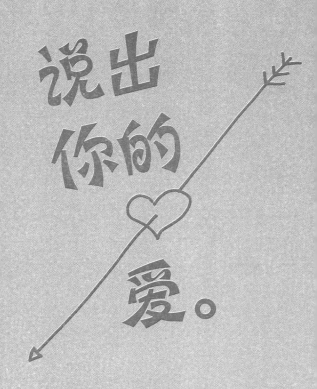

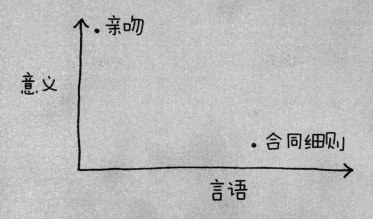

勇敢的人也会情感脆弱。

强大的人也会失魂落魄。

有趣的人只出现在有趣的爱情故事里。

攻克难关。

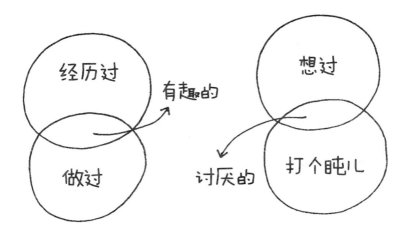

要知道困难吓跑了大多数竞争者。

要知道最困难的事就是那些做起来最有满足感的事。

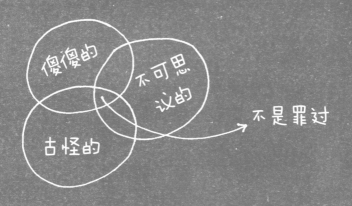

傻傻的　不可思议的　古怪的 → 不是罪过

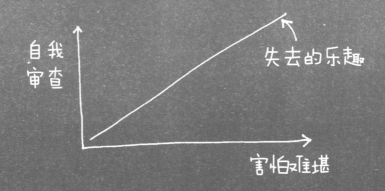

自我审查　失去的乐趣　害怕难堪

别

羞愧。

唱得不好也要大声唱.

在大街上蹦蹦跳跳.

去看看那个免费笑话聚会.

去参加自由麦克风之夜.

别害怕丢人.

更多的人会微笑, 而不是嘲笑.

如果他们笑话你 那是他们的悲哀.

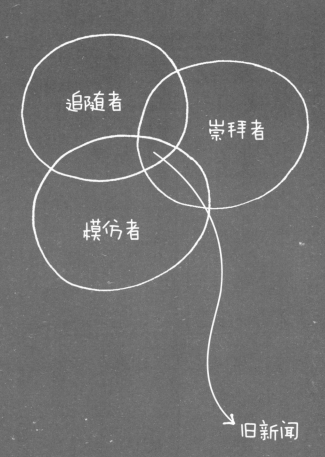

追随者

崇拜者

模仿者

旧新闻

第八步

不要随波逐流

如果别人都在做，你已经晚了。
做自己的事，别人就会跳上你打造的
耀眼花车。

别把
传统
当成教条。

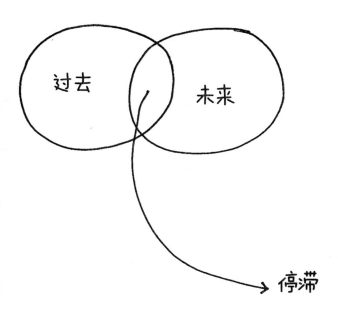

所以一直以来都是这么做的?

"从前就是这样的"?

我们只得照旧执行?

不，不再如此了。

做与众不同

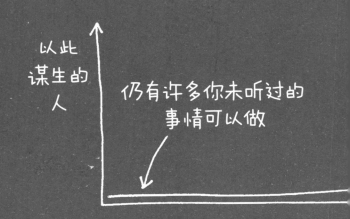

以此谋生的人

仍有许多你未听过的事情可以做

等在路上的时候，有没有想过其他也在路上的人都做什么工作？

他们都有什么爱好？做什么消遣？

的工作。

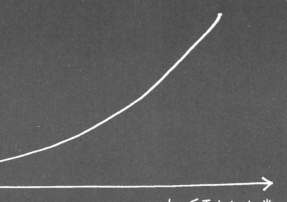

你听到的次数

有多少人，就有多少种答案。
他们充满了无限可能。

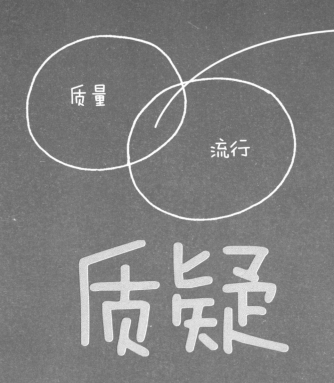

质疑

不一定

普遍性。

无处不在，并不意味着很好或者值得
加入。

追随
你的
好奇心。

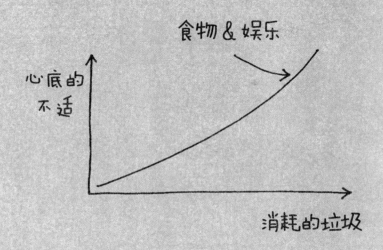

如果你发现自己身陷流行却无聊的泥潭中，
好奇心就是你的生命线。

开辟专营市场。

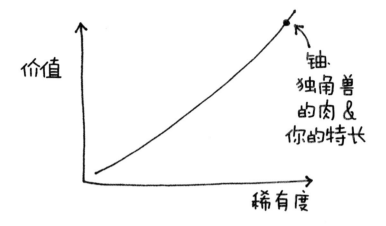

价值

稀有度

铀
独角兽
的肉 &
你的特长

专营市场越小，跟风者存在的空间就越小。
如果你想变得有趣，要专注，不要宽泛。

成就

下一个

传奇。

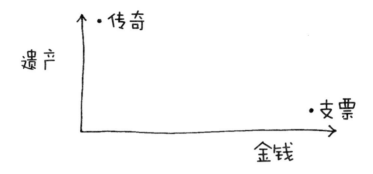

你不用举世闻名或是腰缠万贯才能成功。
你只需做你最擅长的事。

放轻松。

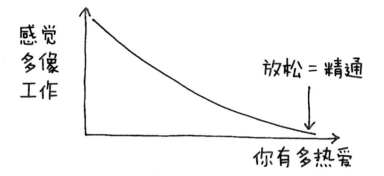

把压力和成功分开。

找到让你满意的工作，你就有可能正

好避免了几次心脏病发作。

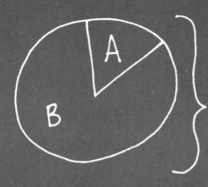

激烈竞争中的
奔跑者

A＝稍稍超前
B＝远远落后
C＝赢家

测量方式。

建筑面积？马力？

银行里的百万资产？

追星俱乐部里的粉丝？

高兴醒来的日子？

看看你正在衡量什么，再考

虑一下替代计量单位吧。

引领你自

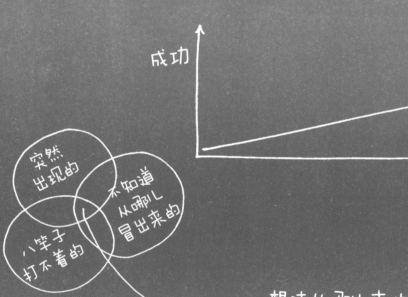

成功

突然
出现的

不知道
从哪儿
冒出来的

八竿子
打不着的

想法从哪儿来的
（当你的思维准
备好的时候）

己的狂热。

从哪儿开始并不重要

走了多远

每种文化现象都始于一个想法。
当你有想法的时候，尽你所能将其从内心
深处带给公众。
全世界都可能接受它。

离开家的庇护。

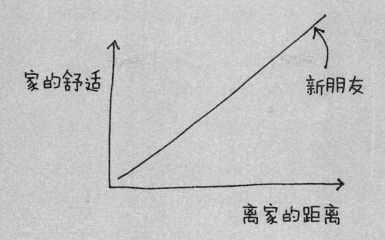

你和特定的人一起长大，他们在特定的
地方做过特定的事。

离开家，去看看你的童年曾是多么独特
又多么普通。

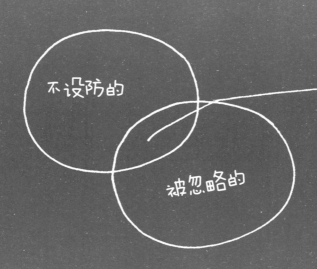

不设防的

被忽略的

接管

被低估的
人、地方
& 物

无主
之地。

当某领域被人忽略时，你可以投入进去，
成为该方面的权威。

调查
鲜为
人知的。

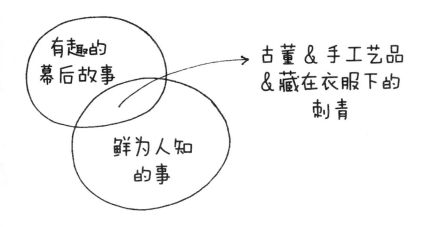

重寻那些被遗忘的故事。

读读古老的书。

拭去那些尘土。

听听少有人听的音乐。

你或许会发现自己的最爱就藏在那些木

工活中。

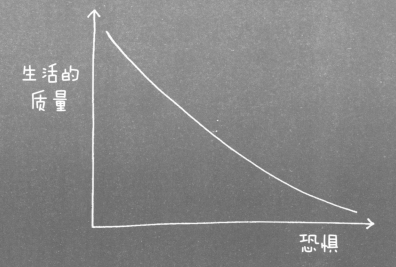

生活的质量

恐惧

第九步

勇敢一点

持有相反意见和选择意料之外的道
路，都需要勇气。
如果你不勇敢，你就只能待在饮水机
旁，讨论那些真正有勇气的人。

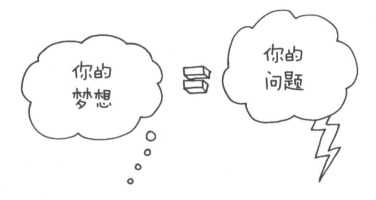

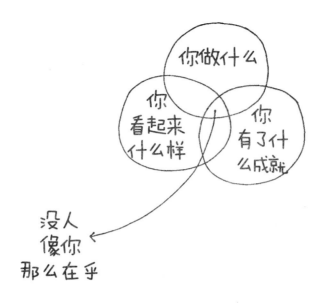

如果你有自己的梦想、愿望或渴望，
要知道只有你才足够在意它们能否成真。

带领叛变。

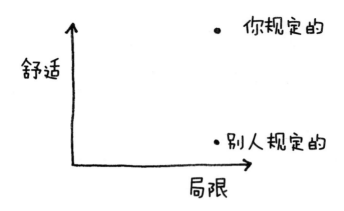

如果你觉得自己正在努力的事情毫无意义或徒劳无益，停下来。

别为任何你看不到价值的事奋斗。

你会惊讶地发现有多少人会加入你的抗议。

避开

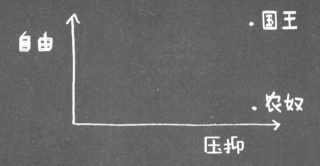

自由

·国王

·农奴

压抑

为了做有趣的事，你需要去自由探索 试试验和创新。

权威。

随意的
规定

人造的权威

权威主要是用来限制、控制和界定这些行为的。

尽可能避开它们。

接受

摩擦。

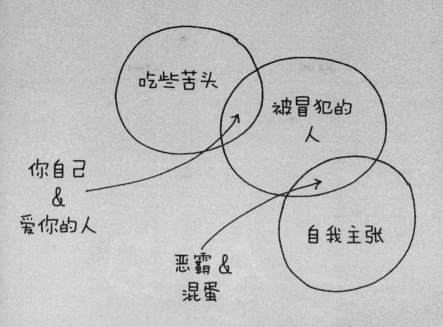

你不想强迫。

你或许羞于掀起风浪。

你或许不敢寻求你想要的。

你需要克服这些。

压力

毕竟没那么
简单

安全的
往往

挑战

危险。

容易的生活就像流沙：
不知不觉地，你被困其中，无法动弹，
不能呼吸，不能去往你真正想去的地
方。除非你正在一辆自行车上驶下山
坡，否则就不要滑行。

固执

不可阻挡的
力量

无法移动的
物体

一点。

把事情
做好的人

放弃是很无聊的做法。
尽管感到沮丧，也要努力前行，只有真正
有趣的人才拥有这种力量。

废除
疯狂的
文化习俗。

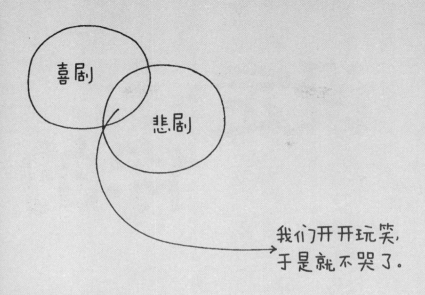

喜剧

悲剧

我们开开玩笑，
于是就不哭了。

这个社会曾经焚烧女巫。

奴隶制也一度合法。

还有别的什么正在进行的是需要矫

正的呢？

而你又将就此做点什么呢？

设定你的

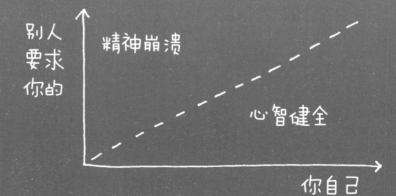

别人
要求
你的

精神崩溃

心智健全

你自己
愿意做的

界限。

设定时间界限. 设定关注界限.
设定金钱界限. 设定爱的界限.
捍卫你的领地, 抵抗那些想要击溃
理智之墙的人.

多次被拒。

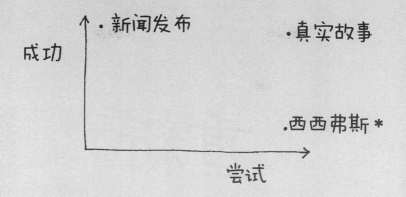

*：因犯下过错遭罚，需要把巨石推向山顶，但每次在接近
成功时巨石都会滚到山脚。

当你努力尝试时，很多人会拒绝你、轻视你
或忽视你。
但少数人会支持你、拥护你。
"否定"可能很伤人，但只有"肯定"才
重要。

重新整理

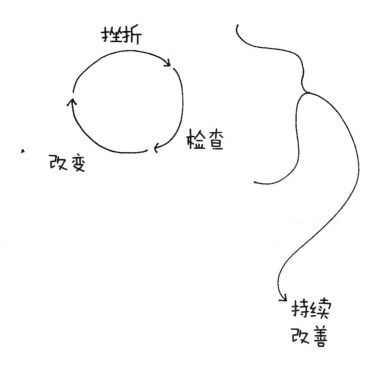

重新整理家具、元素、观念和机会。

然后换个方式，把这些碎片更加有序地

摆放好。

是时候把创造力放回创造性破坏中了。

别做无谓

问题
解决

·A

如果事情不如人意：

（1）记录下来

（2）改变它们

少有人会费心采取第二种办法。

的抱怨。

.B

→

口齿不清的哭号

A = 成人　　B = 婴儿

挥舞起
锋牙利齿。

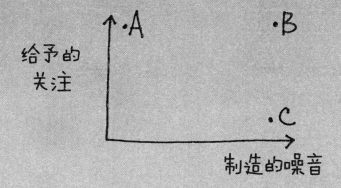

A = 有说服力的理由
B = 警报器 & 炸弹
C = 咆哮

你的舌头是一种只有使用才会保持锋利的武器。
——一位无名的智者

明智地选择你的话语。

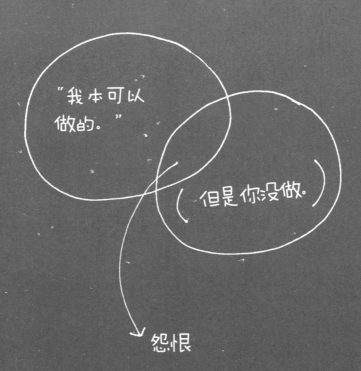

忽略叱责

当个无聊的人很安全。
人们会告诉你怎样才能言行得体。
他们会说：你可以这样，你最好那样，
你应该怎么样。
他们讨厌你的那些冒险。

扔掉

有毒的

回忆。

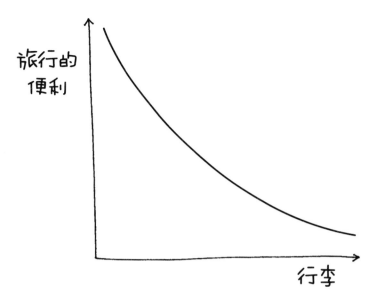

如果你对某些地方、某些事或某些人有着不美好的回忆，放手吧。

你马上就会感到轻松不少。

远离
那些让你
感觉
糟糕的人。

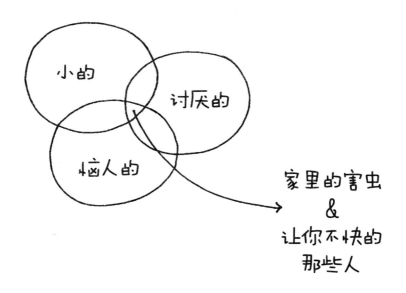

小的

讨厌的

恼人的

家里的害虫
&
让你不快的
那些人

别给他们回电话，也别接受他们敌对
的诱饵。
要想赢得他们的游戏，唯一的办法就
是别再跟他们一起玩。
另外，没人会喜欢看你总是恼怒的样子。

别对

自己

刻薄。

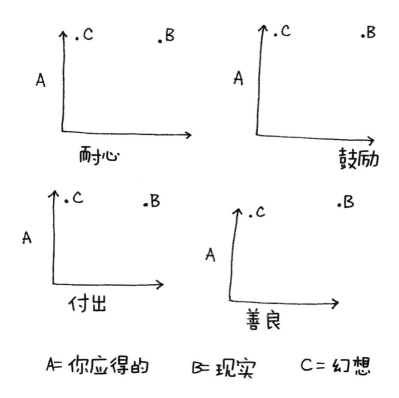

A= 你应得的   B= 现实   C = 幻想

你脑海中有个可恶的小小的声音，一直在贬低你、把你折磨得筋疲力尽？

用能够证明其错误的行为让它闭嘴。

注意：这可能要花上许多年。

别采纳

你不尊敬的

人的

建议。

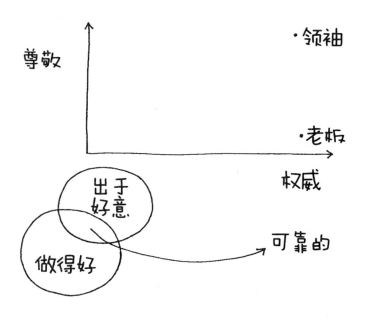

别采纳你不尊敬的人的建议，除非你想变得
像他们那样。很显然你并不想。

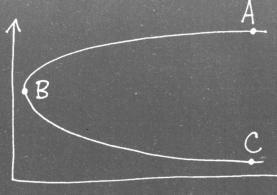

值得赞赏的

为人所记住的

A= 天才

B= 全勤奖

C= 罪犯

榜样学习。

你可以通过偶尔与混蛋打交道学习如何生活。

你也可以通过关注你钦佩的人学习如何生活。

把它当作行为研究。

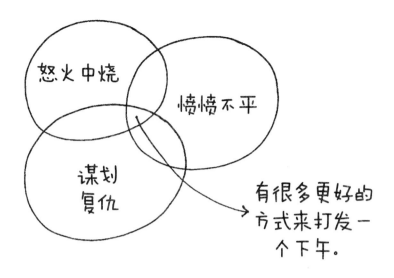

怒火中烧

愤愤不平

谋划
复仇

有很多更好的
方式来打发一
个下午。

大多数人，即使是最可恶的人，也在尽其
所能。

他们也许不值得你去爱慕和钦佩，但你的
轻蔑会刺痛你们双方。

别一事

无成。

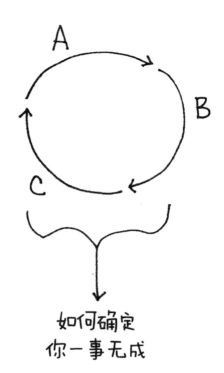

如何确定
你一事无成

A = 盼望事情发生
B = 等别人带给你
C = 诅咒黑暗

在等待成功的光辉时刻吗？

很抱歉，你得自己去努力。

别将
嘲讽
混为
批评。

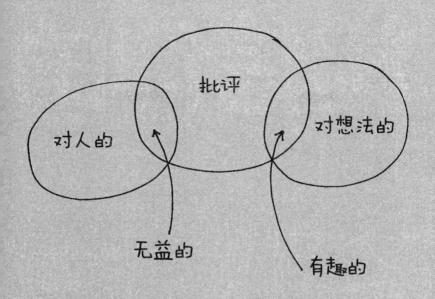

只有当你将批评用来改进时，批评才是建设
性的。

相信你的

得到应用

促进才能

才能。

浪费才能

才能

不论谁说你不够怎么样，都是瞎说。

他们错了。

斗志昂扬地

前进吧。

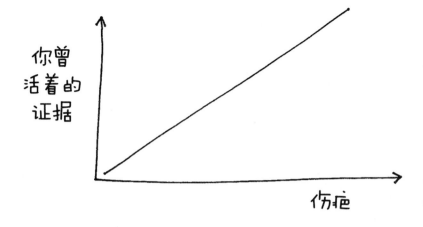

也许你的过去并不完美。也许你的过去很残酷。
也许你的伤痕胜过你认为身体能够承受之重。
你不能纠结于那些想法。
你会溺死于其中的。

毕竟，如果你能走出来，那不过是一段有趣的故
事而已。

想 想

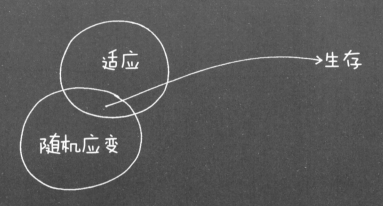

鸭嘴兽这种生物就像是用一些剩余部件
胡乱拼凑而成的。
然而它却繁衍生息，而且独一无二。
别害怕将自己那些有趣的部件也拼凑到
一起。

鸭嘴兽。

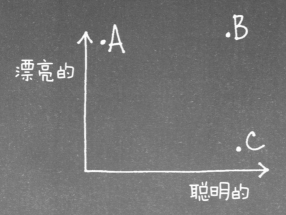

漂亮的

A

·B

·C

聪明的

A = 被捕食者吃掉

B = 比你想象中更多的女孩

C = 简单有效的急救法

给自己

额外的

机会。

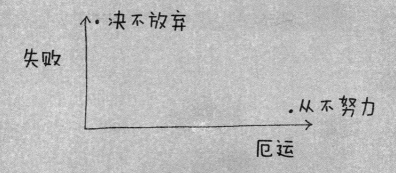

如果你尚未离世，仍然可以有所改变。

后记

总结

冒险

慷慨

积极

奇怪

关心

谦卑

大胆

独创

勇敢

+ 自我肯定
———————————
= 有趣

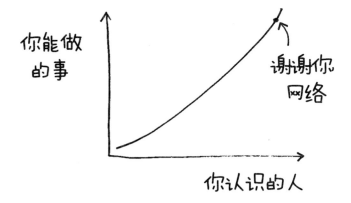

你能做
的事

谢谢你
网络

你认识的人

致谢

　　向我优秀的代理人泰德·温斯坦致以感谢、钦佩和至高的敬意，在我甚至都不知道自己需要他的时候，他就向我伸出了援手。感谢诺亚·伊林斯基对我工作的支持，他干起活来仿佛我给他发了薪水一般卖力；感谢桑尼·布朗，我的好伙伴，他的话总能让我勇气倍增；感谢布鲁斯·崔西，这位充满智慧、风度翩翩的编辑工作起来是如此用心；感谢《福布斯》的全体职员，谢谢你们给我这次机会，让我得以在如此广阔的平台上分享我的工作。能与你们共事，我感到无比荣幸。

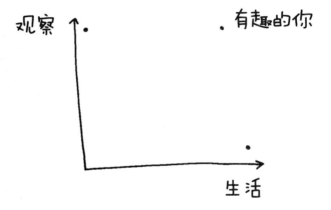

热爱生活，注意观察。

你也可以很有趣。